DISCARD

M is for Myanmar

မ ဆိုတာ မြန်မာပြည်

by **Elizabeth Rush**

Illustrations by Khin Maung Myint

ThingsAsian Kids

M is for Myanmar
By Elizabeth Rush
Illustrations by Khin Maung Myint

Special thanks to the America Burma
Buddhist Association.

Edited by Janet Brown
Burmese translation by Ma Thanegi
Cover and Book Design by Janet McKelpin

For information regarding
permissions, write to:
ThingsAsian Press
3230 Scott Street
San Francisco, California 94123 USA
info@thingsasianpress.com
www.thingsasianpress.com
thingsasiankids.thingsasian.com

Printed in Singapore
ISBN 13: 978-1-934159-28-6
ISBN 10: 1-934159-28-X

Curated by
**Gill Pattison, River Gallery,
Yangon**

"**Where** are we going?"

"*Far away*,"

Hla says.

Hla, my older sister, knows everything about everything.

"**What's** far away?"

I ask her.

The lights in the airplane cabin dim. "Far away is on the other side of the earth where everyone eats soup for breakfast. Look..."

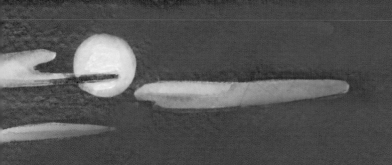

"အခု မီးမီးတို့ ဘယ်ကိုသွားနေတာလဲဟင်။"
"ဟိုး အဝေးကြီးကို" လို့ မမလှု ကဖြေ တယ်။
မမလှုကလေ၊ ဘာကိုမဆို အားလုံး အားလုံး
ကိုသိတာ။

"အဲဒီ ဟိုး အဝေးကြီးမှာ ဘာရှိလို့လဲ။"
မီးမီးတို့ စီးလာတဲ့လေယဉ်ပျံ ကြီးထဲမှာ
အိပ်ချိန်တောင်ရောက်တော့မယ်-

"ဟိုး အဝေးကြီးဆိုတာ ကမ္ဘာကြီးရဲ့ ဟိုးတဖက်မှာ
-အဲဒီမှာ မနက်အိပ်ယာထပြီးရင် မုန့်ဟင်းခါး
ဆိုတာ စားကြတယ်။ အဲဒီ နေရာအကြောင်း မမ
ပြောပြမယ်-- ဟော ဒီမှာကြည့်။။"

M is for Myanmar

မ ဆိုတာ မြန်မာပြည်

Golden Pagodas

ရွှေရောင်ဝင်းတဲ့ စေတီတွေ

ညီမလေး မမြင်ဖူးသေးတာလေ
ရွှေတောင်တွေလို၊ ရွှေခေါင်းလောင်းတွေလို
ထိပ်ဖျားချွန်ချွန်တွေနဲ့ လေ
ဒါတွေဟာလေ
ရွှေရောင်ဝင်းတဲ့ စေတီတွေ။

Unlike anything you've ever seen –
buildings that look like big golden bells,
or dopey hats, or very pointy mountains.

These are pagodas.
Each one is *bursting* with *dreams.*
When a person visits a pagoda
they fill it up — with whale-sized dreams,
snail-sized dreams, dreams of *ice cream*
or of floating **high up**
into the *sky.*

အဲဒီမှာလေ
ဆုတောင်းကြတာတွေ အစုံအစုံ ဘဲပေါ့
ရှစ်ခိုးကြသူတွေ အများအများ ဘဲပေါ့
စေတီသေးသေး စေတီကြီးကြီး
လိုချင်တဲ့ ဆုတွေ
ဝေလငါးလောက်ကြီးပါစေ
ခရုလေးလောက်သေးပါစေ
ဆုမျိုးအစုံအစုံ တောင်းကြတယ်
ဩကာသ ဩကာသ
အခါခါရှစ်ခိုးကြတယ်။

Thanaka Paste သနပ်ခါးမွှေးမွှေးလိမ်းရအောင်

Nobody likes a sunburn. Not me, not you,
not Htun or her sister Aye.
That's why they are painting
circles, squiggles, *dots*
of thanaka paste on their sweet cheeks.
Myanmar is so ***hot*** sometimes staying cool
is the only thing that matters.
Htun and Aye dream of **jumping in a *river*,
eating thirteen cubes of ice and**
drinking whole glasses of
sugarcane juice
all-in-one-gulp.

နေပူတာကို ကြောက်ပါရဲ့
နေလောင်မှာကို ကြောက်ပါရဲ့
သူလဲကြောက်တယ်
ကိုယ်လဲကြောက်တယ်
သနပ်ခါးမွှေးမွှေးလိမ်းထားမယ်
ပါးကွက်လေးလဲကွက်မယ်
အစက်ကလေးတွေလဲလုပ်မယ်။

မြန်မာပြည်မှာနေတဲ့
အထွန်းနဲ့ မအေး မောင်နှမတို့ဟာ
နေပူတာကိုကြောက်ကြတယ်
သနပ်ခါးလဲလိမ်းကြတယ်
မြစ်ထဲမှာလဲရေဆင်းကူးချင်တယ်
ရေခဲတုံးလဲ စားချင်တယ်
ကြံရည်အေးအေးလေး
တခွက်လုံးကုန်အောင်
မော့ချလိုက်ရရင်လေ--
သိပ်ကောင်းမယ် သိပ်ကောင်းမယ်။

Trishaw
ဆိုက်ကားစီးမယ်

Bing! Bing!
The trishaw driver rings his bell.

"Going east, going west?
Going to school to take a test?
I can pedal while you study.
I can pedal while you eat a plate
of pickled tea with a buddy.
But best of all is pretending to float
on a boat to the Irrawaddy's ending."

ကလင် ကလင် ကလင်
ဆိုက်ကား ဆရာကခေါ်နေတယ်
"ဘယ်သွားချင်လဲ ပို့ပေးမယ်
တောင်ဖက်ကိုလား မြောက်ဖက်လား
ကျောင်းကိုဘဲလား။စာမေးပွဲလား
ဆိုက်ကားစီးရင်း စာကျက်လေ
ဆိုက်ကားစီးရင်း မုန့်စားလေ။

ဆိုက်ကားစီးရင်း စိတ်ကူးယဉ်ချင်တယ်ဆိုရင်လေ--
ဧရာဝတီမြစ်ဖျားထိတောင်ရောက်သွားမယ်။"

Bing!

Bing!

Yangon

ရန်ကုန်မြို့ကိုအလည်သွားမယ်

**Turn the corner and discover –
buses, bicycles, bells, a man selling hats,
and a monk beneath a maroon parasol.
This is – *dizzy,* busy, balmy – Yangon!
Terrific traffic, madness and sweet sago soup!
But you can always look up
and find a big blue sky
open like a periwinkle yawning.**

ဘတ်စ်ကားတွေ စက်ဘီးတွေ
ခေါင်းလောင်းသံတွေ
ဦးထုပ်ရောင်းတဲ့ဦးဦးရေ
ထီးနီနီနဲ့ ဘုန်းဘုန်းတွေ
ကားသံတွေ စကားသံတွေ
ပျော်စရာ သာယာ
မုန့်တွေများစွာ
သာကူချိုချို စား ချင်စရာ
ကြည်နူးဖွယ်ရာ ခေါင်းမူးစရာ
မော့ကြည့်ရင်တော့
ရင်အေးစရာ
ကောင်းကင်ပြာ---

Shwedagon Pagoda

ရွှေတိဂုံဘုရား ဖူးရအောင်

In the center of Yangon, Shwedagon sits –
the *grandest* pagoda, with more Bama Lama
than rosebuds in spring! Some say
Shwedagon can make wishes come true.
I say it shines
like **a hundred crazy *stars*.**

ရန်ကုန်မြို့ပေါ် မိုး နေတာ
မြတ် ရွှေတိဂုံဘုရား ပါ
ခန့်ညားထယ်ဝါ တောက်ပလို့နေတာ
တန်ခိုးကြီးတယ်လို့ ပြောကြတာ
ဆုတိုင်းကြရင်ပြည့်စေတာ
ကြယ်တာရာ တွေ့လို
လင်းလက် နေတဲ့စေတီဘုရား ပါ။။

"A ton weighs half as much as an elephant," I say.
"Honestly?" Hla asks.
(I can barely believe I know something my sister doesn't.)
"Yes," I say.
"Really?" she asks.
"Yes, really," I say.
Hla does the math. "That means Shwedagon is made from thirty elephants of gold," she says.
For a moment we both say nothing at all, trying to imagine

thirty
Golden Elephants.

"ရွှေတိဂုံဘုရားကို ရွှေစစ်နဲ့ တည်တာလား" မမလှ ကို မေး တော့--
"ဒါပေါ့ ဒါပေါ့ ရွှေသားတန်ချိန်ခြောက်ဆယ်ရှိလောက်တောင်ရှိမယ်လို့ မမ တော့ထင်တာဘဲ" လို့ဖြေတယ်
"ဆင်တစ်ကောင်ဟာ နှစ်တန်လေးတယ်" --- မီးမီး သိတာ တစ်ခု ကြွားရတယ်။

မမ က "ဟုတ်လား" တဲ့။
မမ မသိတာတစ်ခု မီးမီးသိတာ ကို အံ့ဩနေတယ်။ မီးမီး လဲ အံ့ဩနေတယ်။
"ဟုတ်တယ် ဟုတ်တယ်" လို့ မီးမီးက သွက်သွက်ဖြေလိုက်တယ်။

မမက ဂဏန်းတွက်ကြည့်တယ်။
"ဒါဆို ဆင်အကောင်သုံးဆယ်လောက်လေးတဲ့ရွှေတိုသုံးထားတာဖြစ်နိုင်တယ်။"

ဆင်အကောင်သုံးဆယ် နှာမောင်းတွေမ လို့ ဘုရားကိုပူဇော်နေပုံကို မီးမီး မြင်မိတယ်။

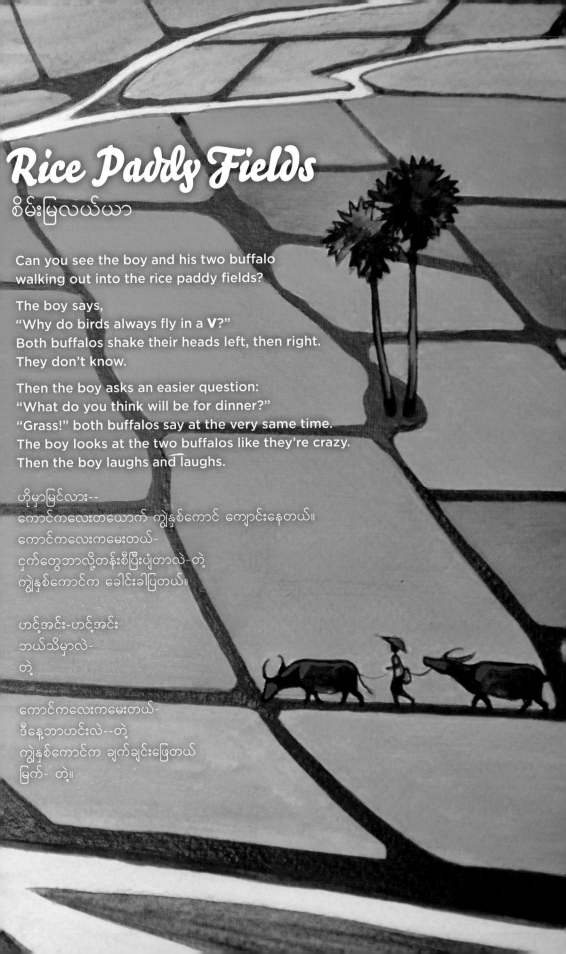

Rice Paddy Fields

စိမ်းမြလယ်ယာ

Can you see the boy and his two buffalo
walking out into the rice paddy fields?

The boy says,
"Why do birds always fly in a **V**?"
Both buffalos shake their heads left, then right.
They don't know.

Then the boy asks an easier question:
"What do you think will be for dinner?"
"Grass!" both buffalos say at the very same time.
The boy looks at the two buffalos like they're crazy.
Then the boy laughs and laughs.

ဟိုမှာမြင်လား--
ကောင်ကလေးတယောက် ကျွဲနှစ်ကောင် ကျောင်းနေတယ်။
ကောင်ကလေးကမေးတယ်-
ငှက်တွေဘာလို့တန်းစီပြီးပျံတာလဲ-တဲ့
ကျွဲနှစ်ကောင်က ခေါင်းခါပြတယ်။

ဟင့်အင်း-ဟင့်အင်း
ဘယ်သိမှာလဲ-
တဲ့

ကောင်ကလေးကမေးတယ်-
ဒီနေ့ဘာဟင်းလဲ--တဲ့
ကျွဲနှစ်ကောင်က ချက်ချင်းဖြေတယ်
မြက်- တဲ့။

Longyi
ပန်းရောင် လုံချည်

The young man in the purple longyi thinks about soccer (not homework!!!)
and the latest Lu Min movie, but
when he sees his new lady,
in her new pink longyi, all his thoughts
fly from his *head*.
(He's almost speechless.)

"Hlade," he says, ***You're beautiful!***
Later they dance and sing and stay up late.

လုံချည်ခရမ်းရောင်နဲ့ ကောင်းလေးက
ဘော်လုံးပွဲအကြောင်းတွေးနေတယ်
လူမင်း ပါတဲ့ ရုပ်ရှင်ကြည့်ဘို့စဉ်းစားတယ်
ကျောင်းစာလုပ်ဘို့သတိမရဘူးနော်--

သူ့ကောင်မလေးရောက်လာတယ်
ပန်းရောင်လုံချည်ဝတ်ထားတယ်
ကောင်းလေးက
ဘော်လုံးပွဲအကြောင်း မေ့သွားတယ်

ရုပ်ရှင်အကြောင်း မေ့သွားတယ်
စကားပြောဘို့တောင်
ခဏလောက်မေ့သွားတယ်
လှလိုက်တာကွယ်-- လို့ပြောလိုက်တယ်
မှောင်တဲ့အထိသီချင်းအတူတူညည်းကြတယ်
စကားဖေါင်ဖေါင်ပြောကြတယ်။

Look at the majestic monastery!
Inside, many monks sit *extremely* still,

paying very close attention
to the tips of their noses.

Meditation is an exercise
like riding a bike, or doing multiplication tables,

it helps make the mind
aware and kind.

When the monks finish meditating
they wiggles their toeses

and say a short prayer for everyone
in the entire world to share:

"Amhya ... amhya ... amhya,
sahdu ... sahdu ... sahdu."

တွေ့လားဟေ့-- ခန်းနားလိုက်တဲ့ ဘုန်းကြီးကျောင်းကြီး
စကားတိုးတိုးပြောနော်
အထဲမှာ ဘုန်းဘုန်းတွေ အများကြီးဘဲ
ငြိမ်ငြိမ်လေးထိုင်နေတော်မူ ကြတယ်
အသက်ရှူတိုင်း နှာခေါင်းဖျား ကိုထိတဲ့လေကို
သေသေချာချာ
မှတ်ရှူနေကြတယ်
အဲတာတရားကျင့်တာခေါ်တယ်
လေ့ကျင့်နေတာ-မှတ်နေတာပေါ့
တရားရှိတော့ သတိရှိတယ်
စိတ်ကောင်းထားနိုင်တယ်။

တရားထိုင်ပြီးတော့ ဘုန်းဘုန်းတွေ က
ခြေချောင်းလေးတွေကို
အညောင်းပြေအောင်လှုပ်ကြတယ်

ပြီးတော့ ဘုရားရှစ်ခိုးကြတယ်
အမျှဝေတယ်
အမျှ အမျှ အမျှ
သာဓုခေါ်တယ်
သာဓု သာဓု သာဓု။

Monastery

ဘုန်းကြီးကျောင်း

Bamboo Grove

ဝါးရုံရိပ်လေး စိမ်းမြမြ

The bamboo grove is rippling,
quivering – green, green, green!

Listen to the wind in the leaves --
sishusssssssishusssssssssishusssssssss.

That means:
"raise your arms above your head and
shake them like a wildflower dancing.

You can never know what will happen
in-a-minute, **in-an-hour,** *in-a-day*
so just *wiggle* and *giggle* and
sway!"

The bamboo grove is rippling,
quivering – green, green, green!

ဝါးရုံလေးက လှုပ်နေတယ်
ဝါးရုံလေးက ယိမ်းနေတယ်
စိမ်းမြနေတယ် စိမ်းမြမြ စိမ်းမြမြ။

ဟော-- နားထောင်လိုက်စမ်း
ဝါးရွက်တွေ့ထဲ လေတိုက်နေတယ်
ရဲ့ ရဲ့ ရဲ့ ရဲ့ ရဲ့ ရဲ့

အဲဒါ ဘာပြောနေတာလဲသိလား--

"လက်နှစ်ဖက်ကို မြှောက်ထားပါ-
ပန်းပင်လေး ယိမ်းသလို က လိုက်ပါ
နောက်ဘာဖြစ်လဲမသိပါ-
ဒါကြောင့်
ပျော်ပျော်ပါးပါး က ကြပါ"- တဲ့။

ဝါးရုံလေးက လှုပ်နေတယ်
ဝါးရုံလေးက ယိမ်းနေတယ်
စိမ်းမြနေတယ် စိမ်းမြမြ စိမ်းမြမြ။

Inle Lake အင်းလေးကန်

The new nosey egrets fly low
over the lake and chat with the fisherman
poised at the very back of his boat.
"Hey Mister!" They say,
"Why are you standing?
The way you row seems strangely demanding!"
The fisherman laughs, then tosses his big net overboard
saying, "Sisters, mark my words,
paddling with legs isn't only for birds."

စပ်စုတတ်တဲ့ ဗျိုင်းတစ်ကောင်
အင်းသား တံငါဦးဦးကို မေးနေတယ်
"ဦးဦးတံငါရေ-- ဘာကြောင့်များ
မတ်တတ်ရပ်ရင်း
လှေလှော်နေ
ကြံကြံဖန်ဖန် လုပ်တတ်ပလေ။"

ဦးတံငါက ရယ်လို့ဖြေ
ဟေ ဟေ
မှတ်ထားလေတော့ ဗျိုင်းကလေးရေ
ၚက်တွေ ရေကို ခြေထောက်နဲ့ခပ်သလိုဘဲပေါ့လေ
အတူတူဘဲ မဟုတ်ဘူးလား ကွဲ့
ပြောလေ။"

"Can *egrets* **really ask questions?"**

"Yes."

"Do monks pay that much attention to their *noses*?"
"Yes. No, well yes and no," Hla says.

"And do the fishermen in Myanmar really row standing up?" I ask.
"On Inle Lake they do." Hla says.

"Wow." I say, "Myanmar is so different."

Then I stop to ponder. In many ways Myanmar doesn't seem strange at all — people in Myanmar jump into rivers, get sunburns, dream big dreams, and talk about what's for dinner.

"Are we there yet?" I ask.
"No."

"How much longer?" I ask.
"Soon," Hla says. "Soon."

"Tell me *more,"*

I say.

"Okay,"

Hla says.

"Let's *see…"*

"မမရေ-- ဗျိုင်းကလေးတွေက တကယ်
စကားပြောတတ်လို့လားဟင်။"
"ဒါပေါ့။"
"ဘုန်းဘုန်းတွေ ကရော အသက်ရှူတာကို
တကယ်သတိထားကြတာဘဲလား။"
"ဒါပေါ့--- အင်း အမြဲတန်းကြီးတော့ မဟုတ်ဘူးပေါ့။"
"မြန်မာပြည်က ဦးဦးတံငါက တကယ်
မတ်တတ်ကြီးလှေလှော်တာလား။"
"အင်းလေးကန်မှာ ဒီလိုဘဲလှေလှော်ကြတာ။"
"ဟုတ်လား-- မမ။ မြန်မာပြည်က သိပ်ဆန်းတာဘဲနော်။"
မီးမီး ခဏလေး စဉ်းစားကြည့်လိုက်တယ်။ ဟင့်အင်း-
ဟင့်အင်း။ မြန်မာပြည်က မဆန်း ပြားပါဘူး။
လူတွေ အိုက်လို့ မြစ်ထဲရေဆင်းချိုးတယ်။ နေပူရင်
အသားနေလောင်တယ်။ လိုချင်တာတွေ ဆုတောင်းကြ တယ်။
ဒီနေ့ ဘာဟင်းလဲလို့ မေးကြတယ်။
လူတွေအားလုံး အတူတူဘဲ။
"မမရေ-- ရောက်ခါနီးပြီလား ဟင်။"
"လိုသေးတယ်။"
"သိပ်ကြာဦးမှာလား ဟင်။"
"သိပ်မကြာတော့ပါဘူး။"
"ဒါဆိုထပ်ပြောပြပါ ဦး။"
"အင်း အင်း ပြောပြမယ်-- ပြောပြမယ်။"

Pwe

ပွဲကြည့်ရအောင်

A pwe is a big *party*.
Everyone in the village comes
to watch wondrous dramas
about star-struck mommas.

Women twirl swords and flowers,
the drums **bang & crash & quake.**

In the morning we *walk home singing,*
hoisting our songs **up into the**
brand new sky.

ပွဲဆိုတာပျော်စရာသိပ်ကောင်းတယ်   မနက်လင်းမှအိမ်ပြန်မယ်
တစ်ရွာလုံးက လာကြတယ်   သီချင်းသံတွေ
ဇာတ်ပွဲပြတာ ကြည့်ကြတယ်   ကောင်းကင်ယံထိ
မေမေတွေ ကြိုက်ကြတယ်   လွင့်လိမ့်မယ်။
ပန်းတွေကျဲလို့
–ါးတွေလွဲလို့
မင်းသမီးလေးတွေ ကကြတယ်
ဆိုင်းဗုံသံချိမ့်ချိမ့်ညံ။

Mohinga Noodle Soup

မုန့်ဟင်းခါး မုန့်ဟင်းခါး

(a chant to rise the sun)

*"**Hey!** Mr. Soupman stirring that pot,
I hope it's Mohinga you've got.
I have a hankering, a craving,
I'm hungry, I'm raving –
I need noodles! Pronto!
Finish 'em off with a fish from the river,
lemongrass, and a dash of ginger."*

မုန့်ဟင်းခါး မုန့်ဟင်းခါး
ဘဘရောင်းတဲ့ မုန့်ဟင်းခါး
မုန့်ဟင်းခါး စားချင်တယ်
မြန်မြန်ထဲ့ပါ ဘဘ ရယ်
ဆာလှပါပြီ
စားချင်ပါပြီ
ငါးချို့ချို့လဲပါတယ်နော်
စပါးလင် ဂျင်းလဲစုံတယ်နော်
မုန့်ဟင်းခါး မုန့်ဟင်းခါး
စားချင်လှပြီ မုန့်ဟင်းခါး။။

Golden Rock

ကျိုက်ထီးရိုး

At the top of Mount Kyaiktiyo,
a golden rock balances
on a single strand of the Buddha's hair.

Don't worry! *Nothing*
in the entire wide world
could make that rock roll.

ကျိုက်ထီးရိုးဆိုတာ တောင်ထိပ်အဖျားစွန်းက
ဘုရားတစ်ဆူပါ
ဗုဒ္ဓမြတ်စွာဘုရား ဆံတော်ကို -၁ပနာထားတာ
အုံ့ဩစရာ အုံ့ဩစရာ။

မပူပါနဲ့ ညီမလေးရာ
ဘယ်သောအခါမှ
လိမ့်ကျသွားမှာ မဟုတ်ပါ။

Bells

ခေါင်းလောင်းသံ

(a haiku)

Open any door
and hear hundreds of **bells, bells,**
bells, **bells,** bells **ringing!**

တံခါးဖွင့်လိုက်လေ
ခေါင်းလောင်းသံ ခေါင်းလောင်းသံ
သာသာယာယာ ခေါင်းလောင်းသံ
အမြဲအမြဲ ကြားရမှာ။

Water Festival

သင်္ကြန်အခါ

Just before the monsoons begin – when the rain falls
in buckets! in boatloads! headily, steadily
for a month or three, **making it a *seriously***
wishy-washy season – we Burmese ***celebrate***
the Buddhist New Year.

People spray water ***everywhere***
and on ***everyone,*** washing away
last year's woes and stubbed toes,
all of its fizzles and flops.
This way each year can begin anew,
fresh and full of only good things like:
mangoes, ***fireworks,*** friends, and big adventures.

မိုးတွင်းဆိုရင်
ရွာတဲ့မိုးက မစဲပါ မစဲပါ မစဲပါ
တစ်လ နှစ်လ သုံးလကြာ
မိုးမရောက်ခင် ပူလိုက်တာ ပူလိုက်တာ
အွီတော့ သင်္ကြန်ကျချိန်ပါ
ပြီးလမှာ သင်္ကြန်ရေကစားတာ
ပက်ကြကွယ် ပက်ကြကွယ်
ဘယ်သူလာလာ ပက်ကြကွယ်
နှစ်ဟောင်းက စိတ်ညစ်စရာ

မကောင်းတာ ဆိုးခဲ့တာ
အကုန်ဆေးကျောပစ်တဲ့
သင်္ကြန်အခါ
နှစ်သစ်မှာ
ပျော်စရာ ကောင်းတာ
ရွှင်လန်းချမ်းသာစရာ

လာပါ-- လာပါ-

The plane bumps along the runway.

"We Made it!"

I say.

"Ready?" Hla says, and she takes me by the hand.

We walk down the plane's stairs into a country that I have never been to before. I am so curious. I wonder if someone is going to stroll by and dump a big bowl of water on me. I wonder if I will get to wear thanaka paste and talk with a buffalo.

"It's so Good to be back,"

Hla says.

She was born in Myanmar, that's why she knows much.

"Mingalaba!"
a stranger calls out --
Hello.

လေယဉ်ပျံ ကြီးမြေပြင်ပေါ် မှာပြေးနေပြီ။
ရောက်ပြီ ရောက်ပြီ။
"ဆင်းကြစို့" -- မမ ကလက်တွဲခေါ် နေပြီ။
မီးမီး မရောက်ဖူးတဲ့နေရာ တွေ့ရတော့မှာ--
မီးမီး ကိုရေပက်ကြမှာလား--
မီးမီး သနပ်ခါးလိမ်းရတော့မလား--
မီးမီး ကိုကျွဲကြီးတွေက စကားပြောပါ့မလား။

မမ က
"မြန်မာပြည်ကို ပြန်လာရတာ ပျော်လိုက်တာ" -- တဲ့။
မမ က မြန်မာပြည်မှာမွေးတာကိုး။

ဟော-

လူတစ်ယောက်ကလာပြီးနှုတ်ဆက်နေတယ်--
"မင်္ဂလာ ပါ"
          တဲ့။

"Mingalaba!"

Elizabeth Rush

Elizabeth Rush lives in Brooklyn, New York where she rides bikes, bakes pie, and writes books. Twenty-six is her favorite number, but if she had to choose the three things she loves most about Myanmar they would be (in no particular order): monsoons, maroon monks' robes, and all those bells. She is currently working on a book about contemporary art in Vietnam.

Khin Maung Myint

Born in Yangon, Myanmar, artist Khin Maung Myint attended the State School of Fine Art in Yangon, studying under U Thu Kha, U Lun Gywe, Maung Nyo Win and Win Pe Myint. Since 1995, his art has been shown at many group and solo exhibitions in Yangon, including one at the National Museum of Myanmar. Khin Maung Myint resides and paints in Yangon, Myanmar.